Fachliche Beratung:
Prof. Dr. Vaclav Hepner
Internationales Schokolademuseum

Übersetzung und Redaktion der deutschen Ausgabe: Jürgen Witznick

Die Deutsche Bibliothek – CIP-Einheitsaufnahme

Wo die Schokolade wächst
Text von Catherine de Sairigné. Ill. von Alan Cracknell.
[Übers. und Red. der dt. Ausg.: Jürgen Witznick]. –
Ravensburg: Ravensburger Buchverl. Maier, 1996
(Die Welt entdecken)
Einheitssacht.: Le chocolat, le thé et le café <dt.>
ISBN 3-473-35783-9
NE: Sairigné, Catherine de; Cracknell, Alan; Witznick, Jürgen [Übers.]; EST

96 97 98 3 2 1

ISBN 3-473-35783-9

Wo die Schokolade wächst

Text von Catherine de Sairigné
Illustriert von Alan Cracknell

DIE WELT ENTDECKEN

Schokolade ist eine feine Sache, aber woraus wird sie eigentlich gemacht?

Ohne Kakao gäbe es keine Schokolade.
Und der stammt von einer Pflanze, die das ganze Jahr über blüht: dem Kakaobaum. An seinen dickeren Ästen sprießen immerzu neue Blüten, aus denen große Kakaoschoten heranreifen. In jeder Schote wachsen in dickem, weißem Fruchtfleisch dreißig bis vierzig Kakaobohnen. Im Verlauf eines Jahres kann man von jedem Kakaobaum ungefähr siebzig Schoten ernten, manchmal sogar noch mehr.

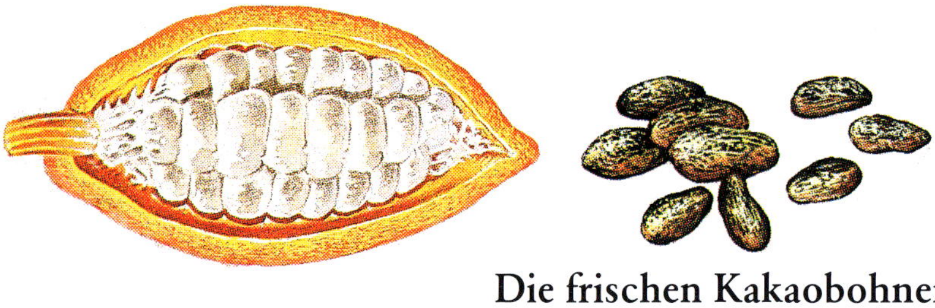

Die frischen Kakaobohnen aus der Schote schmecken noch gar nicht nach Schokolade.

Das erste Schokolade-getränk hieß „cacauatl“. Es war ein sehr beliebtes Getränk bei den Azteken im alten Mexiko. Sie rösteten und zermahlten Kakaobohnen und mischten Maismehl, Pfeffer und Vanille dazu. Dieses Pulver verrührten sie dann mit Wasser. Als die spanischen Eroberer nach Mexiko gelangten, lernten sie dieses bittere Getränk kennen. Es schmeckte ihnen so gut, daß sie gleich viele Kakaobohnen nach Spanien mitnahmen.

Die Azteken verwendeten die getrockneten Kakaobohnen als Geld. Ein Hase kostete ungefähr zehn Bohnen.

Im Jahre 1519 begrüßte der Aztekenkönig den spanischen Eroberer Cortez und reichte ihm als Gastgeschenk Kakaoschoten.

Schokolade kam bald in Mode.

Die Spanier hatten die Idee, statt des Pfeffers Zucker zu verwenden, und jetzt wurde das Getränk noch beliebter. Lange konnten sie aber ihr neues Rezept nicht geheimhalten. Schon bald kannte man es an den Fürstenhöfen und unter den wohlhabenden Bürgern in ganz Europa. Alle waren vom Schokoladentrank begeistert, und die Ärzte empfahlen es den Kranken sogar als Stärkungsmittel.

Die ersten Schokoladefabriken

Menier, Van Houten, Lindt und andere Fabrikanten gründeten sie in vielen Ländern. Es dauerte dann nicht mehr lange, bis es Schokolade überall zu kaufen gab.

Schokolade wurde lange Zeit wie Arznei von Apothekern verkauft.

Der Kakaobaum wächst in den tropischen Ländern, wo es immer warm und feucht ist.

Die Kakaopflanze ist sehr empfindlich.

Sie braucht viel Wärme und Feuchtigkeit. Aber sie muß auch vor zuviel Sonne und vor zu starkem Wind geschützt werden. Deshalb läßt man die kleinen Setzlinge unter Mattendächern heranwachsen. Wenn sie ungefähr ein halbes Jahr alt sind, pflanzt man sie in den Schatten großer Bäume oder unter hohe Bananenstauden.
Mit vier oder fünf Jahren sind die Kakaobäume groß genug und brauchen nicht mehr soviel Schatten. Die wildwachsenden Kakaobäume in den tropischen Wäldern werden bis zu fünfzehn Meter hoch. Die gezüchteten Pflanzen in den Kakaoplantagen aber läßt man nur vier bis fünf Meter hoch wachsen, damit man sie leichter abernten kann.
„Plantagen“ nennt man große Landwirtschaftsbetriebe in den Tropen, also in den feuchten und heißen Ländern.

Nicht nur die Menschen mögen Kakao. Hier haben sich ein Affe und ein Kinkaju eine Portion geholt.

Kinkajus, Affen, Papageien und Ratten sind ganz versessen auf Kakao. Kinkajus sind Kleinbären, die in Mittel- und Südamerika leben.

Die Kakaoschoten werden von Hand geerntet. Wenn sie reif werden, bekommen sie eine schöne gelbrote Farbe. Gleich nach dem Pflücken werden die Schoten mit einer Machete (einem großen Haumesser) zerteilt. Dann klaubt man die Bohnen aus dem Fruchtfleisch heraus.

Früher wurden die Kakaobäume oft von Insekten befallen, die ihre Blätter abfraßen. Heute versprüht man Insektenvernichtungsmittel, um dies zu verhindern.

Es macht viel Arbeit, bis Kakaobohnen wirklich nach Kakao schmecken.

Die Bohnen werden in große Holzkästen gefüllt, die man mit Bananenblättern bedeckt. Man läßt sie eine Woche lang gären und rührt sie jeden Tag um.

So werden die Bohnen braun und bekommen ihr Aroma. Danach werden sie auf großen Rosten in der Sonne getrocknet. Viele Arbeiter sind damit beschäftigt, sie immer wieder zu wenden, damit sie gut trocknen. Wenn es regnet, schiebt man die Roste unter ein Dach, damit die Bohnen nicht naß werden. Getrocknete Kakaobohnen kann man lange aufbewahren, ohne daß sie schimmeln.

Für nur 20 Tafeln Schokolade braucht man die Ernte eines ganzen Kakaobaumes.

Hier sind die Länder braun ausgemalt, in denen es viele Kakaoplantagen gibt.
Sie liegen alle in der Nähe des Äquators.

Der Kakao geht auf die Reise.

Erst wenn die Kakaobohnen knacken, wenn man sie in der Hand zerdrückt, sind sie wirklich ganz trocken. Sie werden dann in große Leinensäcke gepackt und auf Schiffe verladen. Aus Malaysia, aus Brasilien und Ecuador, aus Ghana, Kamerun und vor allem von der Elfenbeinküste kommen die Bohnen nach Europa und nach Nordamerika. Dort wachsen nämlich keine Kakaobäume, aber dort gibt es die großen Schokoladefabriken.

In den Fabriken wird die warme, flüssige Schokolade automatisch in Formen gefüllt und abgekühlt. So entstehen die Schokoladetafeln.

In der Schokoladefabrik werden viele Leckereien hergestellt. Die Kakaobohnen werden erst gereinigt und verlesen, dann werden sie geröstet, bis ihre Schalen platzen. Jetzt entfalten sie ihren ganzen Geschmack und werden zu einem bitter schmeckenden Kakaobrei zermahlen. In diesen Brei wird dann viel Zucker sorgfältig eingerührt: So entsteht die Schokolade.
Oft wird sie noch durch Rosinen, Haselnüsse, Mandeln oder andere Zutaten verfeinert.

Teeblüte

Auch Tee und Kaffee sind Getränke, die aus Pflanzen hergestellt werden. Sie enthalten Wirkstoffe, die die Müdigkeit vertreiben. Zur Teebereitung nimmt man aber nicht die Früchte des Teestrauches, sondern die Blätter.

Die Chinesen waren die ersten Teetrinker. Man erzählt sich die Geschichte, daß vor über viertausend Jahren ein chinesischer Herrscher einmal unter einem großen Strauch Wasser kochte. Einige Blätter dieses Strauches fielen in das Wasser und gaben ihm einen wunderbaren Geschmack. Auf diese Weise soll der Tee entdeckt worden sein; es waren nämlich Blätter eines Teestrauches. Von China aus wanderte dann die Sitte des Teetrinkens auch nach Japan.

In Japan machte man aus dem Teetrinken eine besondere Zeremonie, zu der man einen Kimono trägt.

Das Pekoe-Blatt ist ganz weich und mit feinem Flaum bedeckt.

Teeblätter werden einzeln gepflückt.

Sie werden von Hand verlesen. Den besten Geschmack ergeben nämlich die Pekoe-Blätter. Das sind die noch jungen, mit feinem Flaum behaarten Blätter, die ganz vorne an den Ästen wachsen. Man pflückt auch noch die folgenden vier oder fünf Blätter, aber die anderen nicht mehr, weil sie schon zu hart sind. Geerntet wird das ganze Jahr über. Die Blätter werden dann ausgebreitet und in der Wärme getrocknet. So bekommen sie ihre bräunliche Farbe. Oft werden sie mit stark duftenden Pflanzen parfümiert, mit den Blüten von Jasmin, Rosen, Orangen …

◀ Teeplantage

Der Tee kommt nach Europa.

Im sechzehnten Jahrhundert brachten holländische Schiffe die ersten Kisten voller Teeblätter von Japan nach Europa. In England wurde Tee bald das beliebteste Getränk. Man sagt, daß jeder Engländer im Jahr über zweitausend Tassen Tee trinkt. In Deutschland werden es nicht einmal einhundert Tassen sein. Die Engländer gründeten große Teeplantagen in Indien und auf Ceylon. Seither ist Indien der größte Teelieferant der Welt.

Mit großen Segelschiffen brachten Kaufleute den Tee nach Europa.

Wenn die Kaffeefrucht reif ist, sieht sie aus wie eine kleine rote Kirsche. Jede Frucht enthält zwei grüne Kaffeebohnen.

Die Geschichte von der Entdeckung des Kaffees. Im Jemen wunderten sich einmal vor langer Zeit Hirten über ihre Ziegen. Die sprangen nämlich ganz unruhig herum, nachdem sie von den roten Früchten eines Busches gefressen hatten. Die Hirten berichteten einem Gelehrten von diesem sonderbaren Vorfall.

Gemeinsam folgten sie den Ziegen und pflückten einige der Früchte. Sie trockneten sie und gossen heißes Wasser darauf. Nach dem Genuß dieses Trankes wurden sie alle sehr aufgeregt, und keiner konnte in der Nacht einschlafen. So soll der Kaffee entdeckt worden sein. Bald brachten Reisende die Kunde von dem neuen Getränk auch in andere Länder.

Der Jemen ist ein Land im Nahen Osten.

Das Kaffeetrinken wurde schnell in aller Welt beliebt. Bald schon gab es besondere Kaffeehäuser, in denen man sich zum Kaffeetrinken und zum Plaudern traf. Diese Tradition hat sich bis heute erhalten.

Auch Kaffee wird in Plantagen angebaut. Sie befinden sich vor allem in Mittel- und Südamerika, in Afrika und Indien. Die größten Kaffee-Ernten werden in Brasilien in Südamerika erzielt.

Noch bis ins letzte Jahrhundert arbeiteten Sklaven auf den Plantagen. Sie mußten die Kaffeesträucher immer wieder beschneiden und die Früchte ernten. Und sie mußten darauf achten, daß die Pflanzen immer genügend Wasser bekamen. Kaffeesträucher sind nämlich sehr empfindlich. Trockenheit und Frost, aber auch zuviel Regen können eine ganze Ernte vernichten.

Kaffeebohnen vor und nach dem Rösten.

Die Kaffee-Ernte

Wenn die Kaffeekirschen reif sind, pflückt man sie einzeln mit der Hand oder mit einem besonderen Rechen. Nach dem Ernten werden sie getrocknet oder mit heißem Wasser überbrüht, damit man die Bohnen herausschälen kann.

Die grünen Bohnen schmecken noch nicht nach dem Kaffee, wie wir ihn kennen. Sie bekommen ihr eigentliches Aroma und ihre Farbe erst durch das Rösten. Besonders gut schmeckt der Kaffee, wenn man die Bohnen erst kurz vor dem Aufbrühen mahlt.

Es gibt verschiedene Kaffeesorten, die man auch an ihrem Geschmack unterscheiden kann. Besonders begehrt sind bei uns die Sorten, die in Mittel- und Südamerika wachsen.

Ein einfaches Rezept für eine Schokoladetorte:

Für dieses Rezept benötigt man:

200 Gramm Löffelbiskuits, 150 Gramm Schokolade, 125 Gramm Butter, zwei Eigelb. Zum Verzieren: 6 Teelöffel Puderzucker.

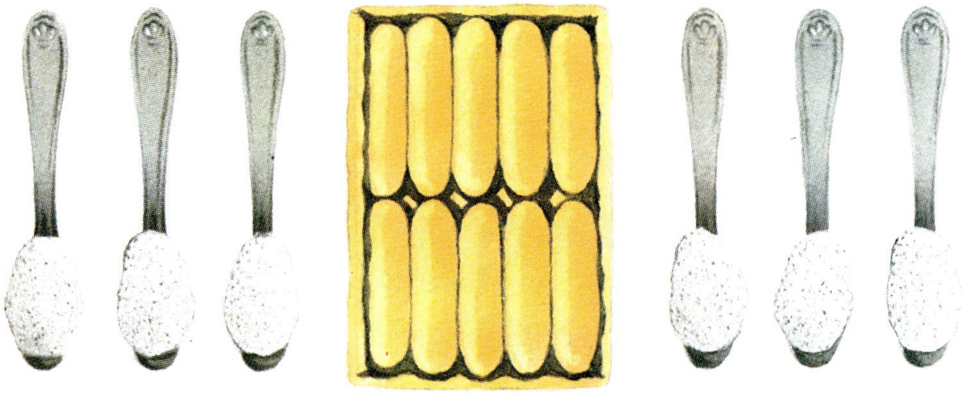

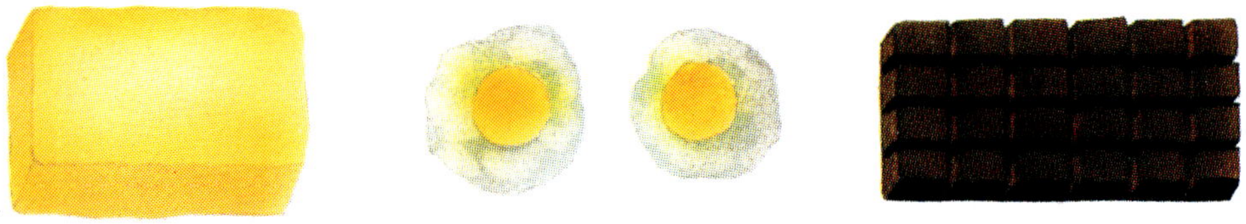

Zerbrösele die Biskuits und vermische sie mit dem Eigelb. Lasse die Butter und die Schokolade in einem kleinen Topf schmelzen; stelle ihn dazu auf den Kochherd und schalte die Platte auf geringe Hitze. Nun mischt man die Eigelb-Biskuit-Masse unter und leert das Ganze in eine kleine Schüssel.

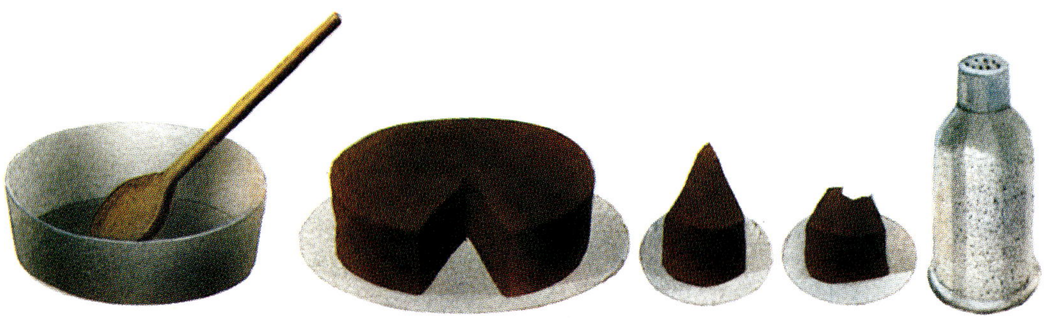

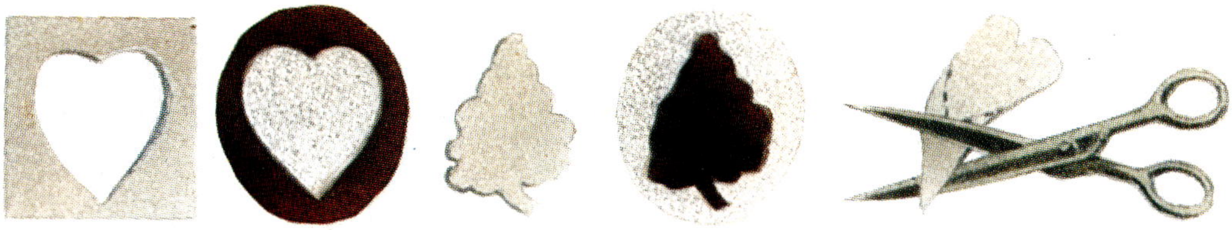

Der Kuchen wird dann ein bis zwei Stunden in den Kühlschrank gestellt, damit er erkaltet.

Man kann die einzelnen Tortenstücke auch verzieren. Dazu schneidet man verschiedene Formen aus einem Blatt Papier aus und legt sie auf die Tortenstücke. Mit einem kleinen Sieb streut man dann Puderzucker über die Stücke. Wenn man nun das Papier wieder wegnimmt, haben die Stücke eine schöne Verzierung, wie es hier unten zu sehen ist.

Schokoladenstadt

In der Schokoladenstadt
gibt es Schokoladenknaben,
welche Schokoladenhütchen
auf den braunen Köpfen haben.

In der Schokoladenstadt
gibt es Schokoladenhäuschen.
In den Kellern dieser Häuschen
leben Schokoladenmäuschen.

In den Gärten dieser Stadt
wachsen Schokoladenbäume,
und die Liebesleut im Park
träumen Schokoladenträume.

Auf die Schokoladenstadt
scheint die Schokoladensonne.
Fällt der Regen, rinnt das Naß
in die Schokoladentonne.

Nachts am Schokoladenhimmel
scheinen Schokoladensterne,
und den Schokoladenmond
haben alle Leute gerne.

Ach, die Schokoladenstadt,
dran sich manche Freude knüpft,
die ist überall und nirgends
und der Phantasie entschlüpft!

Bruno Horst Bull